3 4028 08863 0703
HARRIS COUNTY PUBLIC LIBRARY

W9-CDM-589

Personajes del Mundo Hispánico

Historical Figures of the Hispanic World

Conoce a • Get to Know

Gabriela Mistral

Georgina Lázaro León

Ilustraciones • Illustrations
Sara Helena Palacios

Traducción • Translation
Joe Hayes & Sharon Franco

A Frances

To Frances

Lucila era delgada y bastante alta para su edad. En su rostro, algo tostado por el sol, ocultaba con timidez unos ojos verdes y claros. Su sonrisa, dulce y triste, mostraba unos dientes muy blancos. Y a cada lado de su cara caían dos largas trenzas como chorros de miel.

Con las trenzas de los siete años,
y batas claras de percal,
persiguiendo tordos huidos
en la sombra del higueral.

Gabriela Mistral

Lucila was slim and quite tall for her age. From her face, lightly tanned by the sun, her pale green eyes shone shyly. Her sweet, sad smile revealed white teeth. And on either side of her face, falling like streams of honey, hung two long braids.

With our braids of seven-year-olds
and bright aprons of percale,
chasing flights of thrushes
among the shadows of vine and grape.

Gabriela Mistral

Vivía en una humilde casita de adobe ubicada en el paraíso: un inmenso valle pintado con todas las tonalidades de verde y rodeado por más de cien montañas de cumbres nevadas.

En el valle de Elqui, ceñido
de cien montañas o de más,
que como ofrendas o tributos
arden en rojo y azafrán.

GM

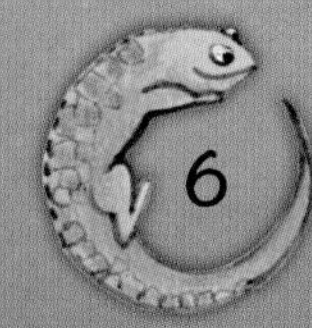

She lived in a humble little adobe house in the middle of paradise: an immense valley tinted with every shade of green and surrounded by more than one hundred snow-capped mountains.

***In the Valley of Elqui, encircled
by a hundred mountains or more
that blaze red like burnished offerings
or tributes of saffron ore.***

GM

Un día, su padre, don Jerónimo, un maestro rural muy instruido y payador de mucha fama, desapareció. La niña lo recordaba en el huerto, rodeado de los árboles que él había plantado para ella al nacer y junto a la fuentecita que él había habilitado para que se bañara. Lo recordaba cantando, tocando la guitarra o recitando versos que escribía para ella.

¡Oh, dulce Lucila
que en días amargos
piadosos los cielos
te vieron nacer,
quizás te reserve
para ti, hija mía,
el bien que a tus padres
no quiso ceder!

Juan Jerónimo Godoy

One day her father, don Jerónimo, disappeared. He was a highly educated rural school teacher and a famous folk musician. The girl could remember seeing him in the orchard, surrounded by the trees that he had planted for her when she was born, or standing by the fountain he had fixed up for her to bathe in. She remembered him singing, playing the guitar, or reciting verses he had written for her.

Oh, sweet Lucila,
who in bitter times
was born
under pitying skies,
perhaps fate reserves
for you, my child,
the good life your parents
were denied.

Juan Jerónimo Godoy

Con frecuencia recordaba a ese hombre grande y extraño, que domesticaba serpientes, iguanas y lagartos. Recordaba a ese hombre que siendo tan dulce tenía un carácter violento, que no soportaba los espacios cerrados, que no se cansaba de caminar por el valle inmenso, y que así, caminando, un día se fue dejándole el deseo de ser maestra y la habilidad de escribir versos. Dejándole una tristeza que no le cabía en el alma y muchas preguntas que no cabían en su frente.

Siguió su marcha cantando
y se llevó mis miradas...
Detrás de él no fueron más
azules y altas las salvias.
¡No importa! Quedó en el aire
estremecida mi alma.
¡Y aunque ninguno me ha herido
tengo la cara con lágrimas!

GM

She often remembered that big, strange man who tamed snakes, iguanas, and lizards. She remembered that man who, despite being so sweet, had a violent temper and hated being shut up in enclosed spaces. He never tired of walking around the great valley and one day he just walked away, leaving her with the ability to write poetry and the desire to be a teacher, leaving her with a sadness too big for her soul and with questions too big for her mind.

He went singing on his way
and with him he took my fond gaze.
The sage flowers he left behind
were no longer tall and blue.
No matter! My soul stayed
trembling in the air.
And though no one has hurt me,
my face is wet with tears.

GM

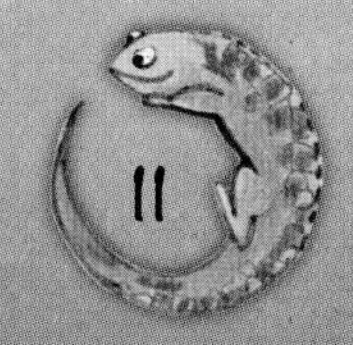

Cuando se fue su padre, quedaron solas su madre, doña Petronila, su media hermana, Emelina, que ya era maestra y sostuvo a la familia con su trabajo, y Lucila, que entonces tenía solo tres años.

Como prefería estar sola, Lucila no tenía muchos amigos. Las piedras, las flores, las semillas eran sus juguetes. Se entretenía tallando figuritas y jugando con ellas por largo rato. Con frecuencia se concentraba tanto en sus juegos que no escuchaba a su madre cuando la llamaba para almorzar. Pero cuando la buscaban, la encontraban muy cerca, en la arboleda, enseñando el abecedario a dos iguanas que tenía en sus rodillas, hablando amistosamente con los almendros del huerto o contándoles un cuento a las hormigas.

Caperucita Roja visitará a la abuela
que en el poblado próximo sufre de extraño mal.
Caperucita Roja, la de los rizos rubios,
tiene el corazoncito tierno como un panal.

GM

When her father went away, he left behind Lucila's mother, doña Petronila, her half sister Emelina, who was already a teacher and supported the family, and Lucila, who was only three years old.

Because she preferred being alone, Lucila didn't have many friends. Stones, flowers, and seeds were her toys. She amused herself by carving little figures and playing with them for hours. She was often so absorbed in her games that she would not hear her mother calling her for lunch. But when they went looking for her, they would find her close by in the grove, teaching the alphabet to two iguanas she held on her knees, or having a friendly chat with the almond trees in the orchard, or telling the ants a story.

Little Red Riding Hood visits her grandmother,
strangely ill in her nearby home.
Little Red Riding Hood with golden curls
and a heart sweet as a honeycomb.

GM

Emelina le enseñó a leer y a escribir antes de que fuera a la escuela, y desde entonces estas eran sus actividades preferidas. Leía con pasión todo lo que encontraba, y con sus manos, tan pequeñas todavía, escribía versos tristes, dulces e ingenuos. Componía nanas con las que dormía a las figuritas que tallaba y que eran sus muñecas, y rondas que luego cantaba a los pajaritos y a las iguanas de la arboleda.

Los astros son rondas de niños,
jugando la tierra a espiar...
Los trigos son talles de niñas
jugando a ondular..., a ondular...

Los ríos son rondas de niños
jugando a encontrarse en el mar...
Las olas son rondas de niñas,
jugando la Tierra a abrazar...

GM

Emelina taught Lucila how to read and write before she started school, and from that moment on these were her favorite activities. She passionately read everything she found, and she wrote sad, sweet, innocent poems with her little hands. She made up lullabies to sing to the carved figurines, which were her dolls, and she created happy songs to sing to the birds and iguanas of the shady grove.

The stars are boys in a round dance,
hide-and-seek with the world they're playing.
Wheatstalks are waists of girls
playing at swaying . . . at swaying . . .

The rivers are boys in a round dance,
playing tag with the sea and the storms.
The waves are girls in a round dance
playing at holding the Earth in their arms.

GM

Doña Petronila, una mujer buena y cariñosa que apenas sabía leer y escribir, quiso que su hija fuera maestra y la envió a la escuela. Lucila era una niña inteligente y le gustaba estudiar, pero su timidez, su tendencia a soñar y su gusto por la fantasía la convirtieron en una niña solitaria que se refugiaba en la lectura.

Libro mío, libro en cualquier tiempo
y en cualquier hora,
bueno y amigo para mi corazón,
fuerte, poderoso compañero.

GM

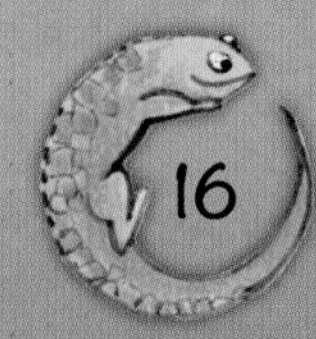

Doña Petronila was a kind, affectionate woman who could barely read or write. She wanted her daughter to be a teacher and sent her to school. Lucila was intelligent and she liked to study, but her shyness, her dreamy nature, and her love of fantasy turned her into a solitary girl who took refuge in reading.

My book, book for all seasons
and for all hours,
kind friend of my heart,
strong, powerful companion.

GM

Algún tiempo después, se trasladaron la niña y su madre a casa de su abuela paterna. Era doña Isabel una mujer ancha y vigorosa, silenciosa y extraña. Adivinaba el futuro en las estrellas y además era muy religiosa. Vivía de bordar ornamentos para la iglesia. Ya estaba vieja y enferma, pero sus manos grandes y arrugadas se hacían delicadas para seguir cosiendo. Al caer la tarde se sentaba en una butaca y acomodaba a Lucila a sus pies en una banqueta de mimbre. A veces le leía pasajes de su Biblia vieja y ajada; o le recitaba de memoria los Salmos de David. La niña repetía los versos que muchas veces no entendía, pero que le sonaban a música, y se entretenía tocando la tela en la que trabajaba su abuela.

Manitas de los niños
que al granado se tienden,
por vosotros las frutas
se encienden.

Manitas blancas, hechas
como de suave harina,
la espiga por tocaros
se inclina.

GM

Some time later, the girl and her mother moved to the house of her father's mother, doña Isabel. This grandmother was a big, strong woman, strange and silent. She read the future in the stars and was very religious. She supported herself by embroidering ornaments for the church. Doña Isabel was already old and in ill health, but her big, wrinkled hands would become agile as she sewed. When evening came, she would sit in an armchair and place Lucila at her feet on a wicker stool. Sometimes she would read her passages from her old, well-worn Bible or recite the Psalms of David from memory. Lucila repeated these verses, which she often didn't understand, but which sounded like music to her. And she enjoyed playing with the cloth her grandmother was embroidering.

Children's tiny hands
that to the pomegranate tree aspire,
for your sake the fruit
catches fire.

Little white hands
soft as flour so fine,
at your touch the wheat heads
incline.

GM

Y así creció Lucila: solitaria, callada, a veces triste. En las noches de luna vagaba por el camino entre el cerro y el río, como lo hacía su padre, escuchando sonidos que nadie más oía, observando cosas que nadie más veía. En las noches oscuras salía a contemplar las estrellas, tal vez para preguntarles sobre el futuro, como lo hacía su abuela.

Ojitos de las estrellas,
de pestañitas inquietas,
¿por qué sois azules, rojos
y violetas?

Ojitos de la pupila
curiosa y trasnochadora,
¿por qué os borra con sus rosas
la aurora?

Ojitos, salpicaduras
de lágrimas o rocío,
cuando tembláis allá arriba,
¿es de frío?

GM

And that's how Lucila grew up: solitary, quiet, and sometimes sad. On moonlit nights she wandered the road between the hills and the river, just as her father had done, hearing sounds no one else heard, seeing things no one else saw. On dark nights, she went outside to gaze at the stars, maybe to ask them about her future, just as her grandmother did.

Little eyes of the stars,
with lashes never quiet,
why are you blue and red
and violet?

Little eyes with curious pupils
that stay awake all night,
why does the dawn erase you
with rosy light?

Little eyes, sprinkles
of tears or dew we behold,
when you tremble up above,
are you cold?

GM

A la edad en que muchos niños todavía juegan, ella ya escribía. Entonces quiso cambiar su nombre. Quiso llamarse Gabriela, el nombre con el que la conocemos hoy. Gabriela Mistral. Nombre con el que firmó sus escritos y se hizo famosa. Nombre que escogió en honor a sus dos poetas predilectos.

El nombre mío que he perdido,
¿dónde vive, dónde prospera?
Nombre de infancia, gota de leche,
rama de mirto tan ligera.

De no llevarme iba dichoso
o de llevar mi adolescencia
y con él ya no camino
por campos y por praderas.

GM

At the age when most children are still playing, she was writing. She decided to change her name. She began to call herself the name by which she is known today—Gabriela Mistral—the name she used to sign her writing, and with which she became famous. She chose it in honor of her two favorite poets.

My name, the name I lost,
is it happy? where does it live?
A baby name, a drop of milk,
light as a laurel leaf.

It was glad to be rid of me
and all my growing pains.
And I no longer walk with it
over the fields and plains.

GM

Gabriela Mistral: Una niña que escribía para entretenerse y para transformar su tristeza en canto. Una niña que antes de ser mujer ya era maestra. Una mujer que sin tener hijos se convirtió en madre de todos los niños a quienes enseñó y para quienes escribió con tanta ternura, transmitiendo su mensaje de amor, paz y hermandad. Una mujer que escribió para ti y todos los niños de América que hablan nuestro idioma, y que quiso que aprendieras a amar las palabras y a disfrutarlas tanto como ella lo hizo desde muy pequeña.

La palabra es nuestra segunda posesión después del alma, y acaso no tengamos ninguna otra posesión en este mundo.

GM

Gabriela Mistral was a girl who wrote to entertain herself and to turn her sadness into a song. She was a girl who was a teacher before she was a woman; a woman who without children of her own became the mother of all the children she taught, writing for them with such tenderness, sharing her message of love, peace, brother- and sisterhood. She was a woman who wrote for you and for all children, in the hope that you would learn to love words and enjoy them just as she did from a very young age.

Speech is our second possession, after the soul—and perhaps we have no other possession in this world.

GM

Georgina nos habla de Gabriela

Gabriela Mistral nació en Vicuña, Chile, el 7 de abril de 1889, con el nombre de Lucila Godoy Alcayaga. A los pocos días de nacida, sus padres la llevaron a vivir a La Unión y luego a Montegrande, su "amado pueblo", ambos localizados en el valle de Elqui.

Su padre, Juan Jerónimo Godoy, era un maestro de escuela muy querido y de muchos dotes artísticos. Aunque abandonó el hogar cuando Lucila tenía tres años, ella siempre lo disculpó y lo recordó con gran cariño. Su madre, Petronila Alcayaga, una mujer muy atractiva y que poseía una hermosa voz, era modista. Emelina, su hermana de madre, tenía catorce años cuando Lucila nació. Dos años después se convirtió en maestra y se ocupó del sustento de la familia.

Desde muy pequeña, en sus juegos de niña, Lucila mostró una especial atracción por la enseñanza y las letras. Sólo tenía 14 años cuando comenzó a trabajar como maestra, y a los 15 años publicó sus primeros versos en la prensa local. Ese fue el comienzo de una

vida que la llevaría por distintas escuelas de todo el país y luego, como educadora y poetisa, por muchos países del mundo.

En 1914, usando el nombre de Gabriela Mistral, tomado de dos poetas que admiraba —Gabriel D'Annunzio y Federico Mistral— obtuvo el primer puesto en el concurso Juegos Florales de Santiago con una colección de poemas titulada *Los sonetos de la muerte*. De esa manera se dio a conocer y muchos de sus poemas fueron publicados en periódicos, revistas y antologías. En 1922 se publicó su primer libro, *Desolación*. Entre sus obras se encuentran además *Ternura*, *Tala*, *Poemas de las madres*, *Lagar* y otros que se publicaron después de su muerte.

Su poesía, expresada con un lenguaje sencillo y natural, tiene gran musicalidad y está llena de símbolos e imágenes folclóricas. En sus versos abunda el tema religioso, así como el del amor, la maternidad, la infancia, la naturaleza, la ausencia, el dolor y la muerte.

En 1945 recibió el premio Nobel de Literatura. Fue el primer escritor latinoamericano en recibir este importante reconocimiento.

Y Lucila, que hablaba a río,
a montaña y cañaveral,
en las lunas de la locura
recibió reino de verdad.

GM

En 1957, después de una larga enfermedad, murió en Nueva York.

Georgina Talks about Gabriela

Gabriela Mistral was born in Vicuña, Chile, on April 7, 1889, with the name of Lucila Godoy Alcayaga. When she was just a few days old, her parents took her to live in La Unión and then to Montegrande, her "beloved village." Both towns are in the Elqui Valley.

Her father, Juan Jerónimo Godoy, was a well-liked schoolteacher with many artistic talents. Although he abandoned the family when Lucila was three years old, she forgave him and always remembered him warmly. Her mother, Petronila Alcayaga, a very attractive woman with a beautiful voice, was a dressmaker. Emelina, her half-sister, was fourteen years old when Lucila was born. Two years later Emelina became a teacher and took charge of supporting the family.

From the time she was very small, in her childhood games, Lucila seemed especially drawn to teaching and writing. She was only fourteen years old when she started working as a teacher, and at fifteen she published her first poems in a local newspaper. That

was the beginning of a life that would take her to various schools all over her country and then, as an educator and poet, to many countries around the world.

In 1914, using the name Gabriela Mistral, taken from two poets she admired—Gabriel D'Annunzio and Federico Mistral—she won first place in the Juegos Florales de Santiago poetry contest with a collection of poems titled *Los sonetos de la muerte*. In this way she gained public attention and many of her poems were published in newspapers, magazines, and anthologies. In 1922 her first book, *Desolación*, was published. Her work also includes *Ternura*, *Tala*, *Poemas de las madres*, *Lagar*, as well as others that were published after her death.

Her poetry, written in simple, natural language, is very musical and full of symbols and images from folklore. Her poetry frequently deals with religious themes, as well as with love, motherhood, childhood, nature, absence, pain, and death.

In 1945 she received the Nobel Prize for Literature. She was the first Latin American writer to receive that important recognition.

And Lucila who talked with the river
and the mountain and fields of cane,
under moons of madness
received a Kingdom of her own.

GM

In 1957, after a long illness, she died in New York City.

Glosario

adobe: Masa de barro y paja, secada al sol, que se usa en la construcción.

amargo: Que muestra tristeza o disgusto.

aurora: Luz sonrosada que aparece en el oriente antes de la salida del sol.

azafrán: Color amarillo anaranjado como el que da a la comida el condimento del mismo nombre.

Biblia: Conjunto de libros sagrados de la religión cristiana.

espiga: Tipo de flor alargada que dan algunas plantas, como el trigo.

granado: Árbol cuyo fruto es la granada.

habilitar: Hacerle cambios a algo para que sirva para una función que no es la habitual.

hermandad: Relación de afecto y solidaridad que existe entre personas y pueblos.

higueral: Terreno poblado de higueras.

mimbre: Rama larga, delgada y flexible que se usa para hacer cestos, muebles y otros objetos.

mirto: Planta de color verde intenso, flores blancas y olorosas y fruto de sabor agradable.

ornamento: Adorno, motivo decorativo que sirve para embellecer una cosa.

payador: Cantor popular que improvisa versos acompañándose de la guitarra.

percal: Tela fina de algodón.

piadoso: Que siente pena por el sufrimiento ajeno.

posesión: Cosa que es propiedad de alguien.

prosperar: Mejorar progresivamente.

refugiarse: Ponerse a salvo de un peligro o penalidad en un lugar.

Salmos de David: Libro de poesía religiosa que forma parte de la Biblia.

salvia: Planta de hojas con forma de punta de lanza y borde ondulado, que da flores azuladas.

tallar: Dar forma a un cuerpo sólido haciendo cortes en un trozo de piedra, metal o madera, como cuando se hace una escultura.

tordo: Ave de 20 centímetros de largo que habita en zonas de vegetación arbórea de América.

trasnochar: Pasar la noche sin dormir o durmiendo muy poco

tributo: Muestra de reconocimiento, respeto o consideración hacia una persona.

vagar: Caminar sin rumbo fijo.

vigoroso: Que tiene fuerza o energía.

Glossary

absorbed: very focused, with the mind very involved in an activity

agile: moving lightly and quickly

anthologies: collections of several works of literature

burnished: polished

despite: in spite of

embroidering: decorating cloth by sewing shapes and patterns on it with colored threads

figurines: small carved or molded figures

immense: very large

incline: bend down

percale: fine cotton cloth

Psalms of David: poems from the book of Psalms, found in the Jewish Bible or Old Testament

pomegranate: a fruit with a shiny skin and many red, juicy seeds inside

reserves: sets aside, saves

saffron: a spice that colors food bright yellow, a bright yellow color

sage: a blue flowering plant that is also used as a spice

thrushes: small songbirds

tributes: offerings

wicker: thin, flexible branches used to weave furniture

Georgina Lázaro León

Georgina Lázaro León nació en San Juan, Puerto Rico. Estudió para ser maestra y enseñó en varios niveles hasta que se convirtió en madre y decidió quedarse en casa con sus hijos. Entonces, comenzó a escribir para niños. Varias de sus poesías y nanas se han convertido en canciones. Ha recibido muchos premios y reconocimientos, entre los cuales se destaca una mención de honor del Premio Pura Belpré, en 2010.

Georgina Lázaro León was born in San Juan, Puerto Rico. She studied to be a teacher and taught at several different grades until she became a mother and decided to stay home with her children. Then she started to write for kids. Several of her poems and nursery rhymes have been made into songs. She has received many awards and honors. One of the most outstanding among them is an honorable mention for the Pura Belpré Award in 2010.

2023 NW 84th Avenue
Doral, FL 33122, USA
www.santillanausa.com

Managing Editor: Isabel C. Mendoza
Art Director: Jacqueline Rivera
Design and Layout: Grafika LLC
Illustrator: Sara Helena Palacios
Translators (Spanish to English): Joe Hayes and Sharon Franco

Alfaguara is part of the **Santillana Group**, with offices in the following countries:

ARGENTINA, BOLIVIA, BRAZIL, CHILE, COLOMBIA, COSTA RICA, DOMINICAN REPUBLIC, ECUADOR, EL SALVADOR, GUATEMALA, MEXICO, PANAMA, PARAGUAY, PERU, PORTUGAL, PUERTO RICO, SPAIN, UNITED STATES, URUGUAY, AND VENEZUELA

Conoce a Gabriela Mistral / Get to Know Gabriela Mistral
ISBN: 978-1-61435-3-515

Published in the United States of America
Printed in China by Global Print Services, Inc.

20 19 18 17 16 15 14 13   1 2 3 4 5 6 7 8 9 10